CONFÉRENCE

DES

HUISSIERS NON AUDIENCIERS DU DÉPARTEMENT DE LA SEINE

Séance du 28 Janvier 1897

DE LA

SAISIE DES CONSTRUCTIONS

ÉLEVÉES

SUR LE TERRAIN D'AUTRUI

RAPPORT DE Mᴱ RICHARD

PARIS

IMPRIMERIE ET LIBRAIRIE CENTRALES DES CHEMINS DE FER

IMPRIMERIE CHAIX

SOCIÉTÉ ANONYME AU CAPITAL DE CINQ MILLIONS

Rue Bergère, 20

1897

CONFÉRENCE

DES

HUISSIERS NON AUDIENCIERS DU DÉPARTEMENT DE LA SEINE

Séance du 28 Janvier 1897

DE LA

SAISIE DES CONSTRUCTIONS

ÉLEVÉES

SUR LE TERRAIN D'AUTRUI

RAPPORT DE M^E RICHARD

PARIS

IMPRIMERIE ET LIBRAIRIE CENTRALES DES CHEMINS DE FER

IMPRIMERIE CHAIX

SOCIÉTÉ ANONYME AU CAPITAL DE CINQ MILLIONS

Rue Bergère, 20

1897

SOMMAIRE

RAPPORT DE M^E RICHARD

EXTRAIT

Du Procès-verbal de la séance du 28 Juin 1897

... M. le Président donne ensuite la parole à Me Richard qui prend place au bureau et s'exprime en ces termes :

MESSIEURS,

A l'une de nos dernières réunions, plusieurs membres de la Conférence ont exprimé l'embarras dans lequel ils s'étaient trouvés, ayant à procéder à la saisie de bâtiments élevés par leur débiteur sur un terrain qui ne lui appartenait pas.

Cette question présentant pour nous tous une assez grande importance, la Conférence a nommé une Commission composée de MM. Lebrun, Bomsel et Richard, chargée d'examiner les différents cas pouvant se présenter et de faire un rapport.

C'est ce rapport, Messieurs, que j'ai été chargé de faire et que je vais avoir l'honneur de vous communiquer, sollicitant à l'avance toute votre bienveillante attention.

Mais avant d'aborder l'étude de la question soumise à la Conférence, il me paraît utile, Messieurs, de rappeler ici succinctement les dispositions du Code civil relatives à la classification des immeubles.

Les biens sont immeubles, dit l'article 517, « ou par leur nature, ou par leur destination, ou par l'objet auquel ils s'appliquent ».

I. — Les biens immeubles par leur nature comprennent :

    1° Les fonds de terre (art. 518) ;
    2° Les bâtiments (art. 518) ;
    3° Les moulins fixés sur piliers et faisant partie d'un bâtiment (art. 519) ;
    4° Les récoltes pendantes par branches et racines (art. 520) ;
    5° Et les tuyaux servant à la conduite des eaux dans une maison (art. 523).

II. — Les biens immeubles par leur destination « sont ceux que le propriétaire d'un fonds y a placés pour le service de l'exploitation de ce fonds » (art. 524).

III. — Les immeubles par l'objet auquel ils s'appliquent, comprennent :

Article 526 : 1° L'usufruit des choses immobilières ;
    2° Les servitudes ;
    3° Les actions qui tendent à revendiquer un immeuble.

IV. — Enfin à ces trois classes générales, il y a lieu d'ajouter, suivant les auteurs, les immeubles par la détermination de la loi.

Ce sont, vous le savez :

    1° Les actions de la Banque de France (décret du 16 janvier 1808, art. 7) ;
    2° Les actions des Canaux d'Orléans et de Loing, aujourd'hui rachetées (loi du 20 mai 1863) ;
    3° Et les rentes sur l'État immobilisées par la fondation des majorats en vertu du décret du 1er mars 1808.

Je n'ai rappelé cette classification que pour mémoire d'ailleurs, car au cours de cette étude, nous n'aurons pas à parler du tout de cette quatrième catégorie d'immeubles, très peu de la troisième et seulement lorsque nous examinerons les droits de l'usufruitier d'un fonds de terre sur les constructions qu'il aura édifiées sur ce fonds; nous dirons quelques mots des immeubles par destination, mais nous aurons surtout à nous occuper des immeubles par nature. Examinons donc tout d'abord les biens que la loi désigne comme étant « immeubles par nature ».

Bien que l'énumération en soit plus longue, on peut les ranger en trois catégories, dans lesquelles rentrent accessoirement les autres. Ce sont :

1º Les fonds de terre;

2º Les bâtiments;

3º Les récoltes.

Or, Messieurs, l'article 2093 du Code civil établissant que :

« Les biens du débiteur sont le gage commun de ses créanciers »,

Quels sont les moyens d'exécution mis à la disposition du créancier pour réaliser les biens de son débiteur, lorsque ces biens sont de ceux que nous venons d'énumérer?

Pour les fonds de terre, pas de difficultés.

Pour les récoltes, là encore, pas ou peu de difficultés, la loi ayant nettement déterminé les conditions de la saisie-brandon.

Pour les bâtiments...

Là, Messieurs, les difficultés commencent et nous voici ramenés à l'examen de la question posée à la Conférence :

« Comment doit procéder le créancier, pour parvenir à l'exécution, à la réalisation des bâtiments édifiés par son débiteur, soit sur son propre terrain, soit sur le terrain d'un tiers. »

Trois cas se présentent donc :

1º Le débiteur est à la fois propriétaire du sol et propriétaire des bâtiments;

2º Le débiteur est seulement propriétaire des bâtiments, et le créancier est un tiers sans droits sur le sol;

3° Le débiteur est propriétaire des bâtiments et le créancier est propriétaire du sol,

ces trois cas pouvant encore se subdiviser suivant la nature même des bâtiments édifiés.

Mais avant d'entrer dans la discussion de notre sujet, avant d'examiner les différentes difficultés qui peuvent se présenter, il me paraît utile de faire ressortir les caractères particuliers de « l'immobilisation » des bâtiments; les bâtiments n'étant en effet constitués que d'éléments purement mobiliers, comment le tout, formé de cet assemblage, devient-il immobilier?

« Les bâtiments, dit M. Baudry-Lacantinerie, se composent de matériaux assemblés par la main de l'homme, et qui sont choses essentiellement mobilières. Quand ces matériaux sont devenus un édifice, ils ont perdu leur individualité; le sol, par sa puissance d'attraction, les a en quelque sorte absorbés. Le bâtiment devient alors un immeuble, à titre d'accessoire du sol, dont il ne peut plus être séparé sans être détruit. Par où l'on voit que les bâtiments sont plutôt immeubles par incorporation ou par accession que par nature; il n'y a de tels, à proprement parler. que les fonds de terre. »

BAUDRY-LACANTINERIE, t. I, liv. II, ch. Ier.

« La cause efficiente d'où dérive ce principe de l'immobilisation des bâtiments est donc l'adhérence physique, immédiate ou médiate, qui fait désormais un seul et même être, des matériaux et du sol auquel ils sont attachés. »

Tel est, Messieurs, l'avis de Demolombe (liv. II, tit. Ier); tel est aussi l'avis de MM. Aubry et Rau (t. II, § 164), Marcadé et autres auteurs.

Et de ce principe, nous tirerons, avec Demolombe, les conséquences suivantes (liv. II, tit. Ier, chap. Ier) :

« *a*) Il faut comprendre, sous cette dénomination de bâtiments, employée par l'article 518, toutes constructions, tous travaux ou ouvrages quelconques, superficiaires ou souterrains, quelles qu'en soient la matière, la forme et la destination, dès que ces ouvrages sont incorporés dans le sol et en constituent une partie intégrante : maison d'habitation, granges, magasins, murs de clôture, caves, etc., peu importe;

» *b*) Il n'y a pas à rechercher par qui, ni aux frais de qui, ni avec quels matériaux le bâtiment ou le travail a été fait : par le propriétaire lui-même du sol ou par un fermier, un locataire, ou un tiers possesseur;

» *c*) L'effet cesse avec sa cause; et puisque l'immobilisation naturelle résulte ici de l'incorporation de certains meubles dans le sol, l'immobilisation doit cesser aussitôt qu'il y a séparation ; les meubles alors rendus à leur individualité recouvrent leur nature propre et distincte; c'est ainsi que l'article 532 déclare meubles les matériaux provenant de la démolition d'un édifice.

(» Il faut, toutefois, pour qu'un bien, immeuble par sa nature, se trouve ainsi mobilisé, que la séparation qui le détache de la terre, soit, non seulement partielle et temporaire, mais au contraire totale et définitive...)

DEMOLOMBE ET AUTRES.

« *d*) Pareillement, en sens inverse, aucun ouvrage, aucun travail, aucun bâtiment même n'est immeuble par sa nature, s'il ne présente pas cette condition d'adhérence physique et d'incorporation matérielle, qui en fasse désormais une dépendance accessoire du sol. (Arg. des art. 519 et 532.)

» Telles sont : les constructions sans fondements, ni pilotis, que l'on pose en quelque sorte seulement sur le sol, *supra terram*, dans certaines circonstances, comme les marchés, les foires, les fêtes publiques: boutiques, loges, baraques, amphithéâtres, etc. »

Constructions légères.

« Ces sortes de constructions sont meubles, ajoute Démolombe,
par quelques personnes qu'elles aient été édifiées et sur quelque
terrain qu'elles se trouvent, non seulement lorsqu'elles sont
placées par un fermier ou locataire, ou tiers possesseur quelconque sur le terrain d'autrui, mais lors même qu'elles seraient
l'ouvrage du propriétaire sur son propre terrain. »

Donc, pour nous, conséquence pratique immédiate :

*Nous devrons toujours, en pareil cas, procéder par voie de saisie
mobilière,* sauf toutefois le cas où les constructions sont immeubles
par destination.

C'est là, Messieurs, une question de fait, souvent délicate, à
examiner, mais dans la généralité des cas, l'huissier poursuivant
trouvera, soit dans les pièces du dossier, soit dans les explications
qu'il se fera donner, tous les renseignements qui lui sont nécessaires pour établir la nature des biens à saisir. Nous ne pouvons,
d'ailleurs, au cours de cette étude forcément restreinte, indiquer
ni discuter les différentes difficultés qui peuvent se produire, et
nous nous bornerons à rappeler les conditions essentielles qui
caractérisent les immeubles par destination.

Immeubles par destination.

« Les objets que le propriétaire d'un fonds y a placés pour le
service et l'exploitation de ce fonds sont, dit l'article 524 du Code
civil, immeubles par destination... »

Il faudra donc, pour que les constructions qui nous occcupent
soient immeubles par destination :

1º Qu'elles soient nécessaires à l'exploitation du fonds sur
lequel elles se trouvent, et nécessaires à son service ;

2º Et qu'elles aient été édifiées par le propriétaire même du
fonds.

De nombreux exemples de ces immeubles par destination se présentent à Paris, où sur des terrains leur appartenant, des industriels ou commerçants élèvent des constructions, souvent sans grande consistance, dans lesquels ils exploitent tout ou partie de leur commerce ou leur industrie.

Nous devrons, dans ce cas, procéder *à la saisie immobilière, tant du terrain que des constructions*, et, s'il y a lieu, des autres immeubles par destination.

Constructions incorporées au sol.

Et maintenant, Messieurs, laissant de côté les nombreuses difficultés d'application que présente la question des immeubles par destination, revenons aux constructions qui sont incorporées au sol, qui présentent avec lui cette condition d'adhérence physique et d'incorporation matérielle dont nous parlions plus haut, et voyons si ces biens, pourtant immeubles par leur nature, ne peuvent pas, sous certains rapports et à l'égard de certaines personnes, être considérés comme des biens meubles.

Voici comment, sur cette question, s'exprime M. Demolombe :

« Un bien, même immeuble par la nature, devient meuble lorsqu'il est considéré, non pas dans son état présent, dans son union actuelle avec le sol, mais au contraire dans l'état futur et dans l'individualité distincte que lui donnera la séparation qui doit l'en détacher ; — lorsque, par exemple, vous considérez une forêt comme devant être abattue et que vous y voyez non pas des *arbres* mais du *bois;* lorsque vous considérez un bâtiment comme devant être démoli, et que vous y voyez non pas une maison, *universitas*, mais des pierres, du bois, du fer, *res singulæ.* »

Les auteurs étant d'accord sur ce point, nous pouvons dire que les immeubles par nature prennent le caractère de meubles dans deux cas :

1° Lorsqu'ils sont séparés du sol ;

2° Lorsqu'ils sont vendus sous condition de séparation.

Et c'est ainsi que la vente d'une maison destinée à être démolie, est mobilière parce que les parties ont principalement en vue les matériaux à provenir de la démolition.

Ce principe, je le répète, est admis généralement en doctrine ; je citerai notamment : Aubry et Rau (t. II, p. 10), Championnière et Rigaud (t. II, n° 3817), Demolombe (t. IX, n°s 160 et s.).

Et de nombreux arrêts ont été également rendus dans ce sens :

Cassation. — 8 septembre 1813.
      —   29 mars 1816.
      —   4 avril 1827.
      —   12 août 1833.
      —   11 janvier 1843.
      —   6 février 1860.

Or, Messieurs, au début de cette étude, nous avons posé ce principe : que les bâtiments, considérés en eux-mêmes dans leurs éléments constitutifs, étant immeubles par leur nature, conservent ce caractère d'une manière absolue, indépendamment de la qualité du constructeur.

D'autre part, nous venons de voir qu'ils peuvent prendre dans certaines circonstances le caractère de « meubles » ; de même aussi la jurisprudence et la doctrine établissent certaines distinctions lorsqu'on envisage les constructions par rapport au tiers constructeur.

Examinons donc les différentes éventualités qui peuvent se présenter.

Et d'abord, quel est le caractère attribué au droit du tiers constructeur sur les constructions édifiées par lui ?

Quand le droit du tiers constructeur est-il mobilier ? Quand immobilier ?

Pour établir la nature de ce droit, il y a lieu de distinguer suivant que le constructeur est lui-même :

Ou bien possesseur ou locataire (soit qu'il y ait eu accord avec le propriétaire du sol, soit qu'il n'y ait pas eu accord) ;

Ou bien usufruitier.

Examinons successivement ces trois cas.

I. — LE TIERS CONSTRUCTEUR EST UN TIERS POSSESSEUR
OU LOCATAIRE.

Demolombe (t. IX, liv. II, p. 85) estime que le droit du tiers constructeur, dans ce cas, est toujours mobilier :

« Ces bâtiments, dit-il, ne lui appartiennent pas, dans leur nature même de bâtiments et considérés comme tels ; il n'est propriétaire ni du sol, ni de la superficie ; il est vrai qu'il exploite les bâtiments dans leur état d'immeubles et d'après la destination qui en résulte. Mais c'est là ce que fait tout preneur, fermier ou locataire, et pourtant le preneur n'a qu'un droit mobilier. Or, telle est précisément la position du tiers constructeur ; il jouit des bâtiments qu'il a construits, au même titre qu'il jouit du sol, en vertu de son contrat de bail qui comprend désormais en effet les bâtiments aussi bien que le sol. »

D'où il tire notamment ces deux conséquences :

1° Que ces bâtiments ne peuvent être hypothéqués ;
2° Qu'ils ne peuvent être l'objet d'une saisie immobilière.

Malgré cette opinion, il est généralement reconnu, en doctrine, que le droit du constructeur varie suivant qu'il y a eu, ou non, de la part du propriétaire du sol, renonciation à son droit d'accession, et que le bâtiment construit sur le terrain d'autrui est immeuble par rapport au tiers constructeur lorsque, par suite de la renonciation du propriétaire du sol au bénéfice de l'accession, ce tiers constructeur a acquis un droit de superficie sur les constructions ; et ce, alors même qu'il se serait réservé la faculté de les démolir à la fin de sa jouissance. (Aubry et Rau (t. II, p. 6), Baudry-Lacantinerie (t. Iᵉʳ, n° 1212) et Demante, Marcadé.)

Il y a donc lieu de faire une distinction suivant que le propriétaire du sol a ou n'a pas renoncé au bénéfice de l'accession, suivant que le tiers constructeur est simple possesseur ou locataire pur et simple du sol, ou suivant qu'il tient au contraire du propriétaire du sol l'autorisation expresse ou tacite de construire.

Faisons observer de suite que la question de savoir si le propriétaire du sol a ou n'a pas autorisé les constructions, est une question de fait laissée, en cas de discussion, à l'appréciation des tribunaux.

Examinons successivement ces deux cas :

1° *Le tiers constructeur, simple possesseur, ou locataire pur et simple, ne s'est pas assuré de l'autorisation du propriétaire du sol.*

Aux termes des articles 546, 551 et suivants du Code civil, lorsque le propriétaire du sol n'a pas renoncé au bénéfice du droit d'accession, les ouvrages ou constructions faits sur son terrain lui appartiennent par droit d'accession, au fur et à mesure qu'ils s'élèvent et le tiers qui les a élevés n'a sur eux qu'un simple droit mobilier de jouissance.

Les droits du tiers constructeur, dans ce cas, sont établis nettement par l'article 555 du Code civil.

Le tiers qui, avec ses propres matériaux, a construit un bâtiment sur le fonds d'autrui, ne peut jamais, aux termes de l'article 555 du Code civil, avoir droit qu'à l'une de ces deux choses :

1° Ou bien aux matériaux, si le propriétaire du sol le force à les enlever ;

2° Ou bien à une indemnité si le propriétaire du sol garde le bâtiment.

Dans ce dernier cas, l'indemnité varie suivant que le constructeur est ou n'est pas de bonne foi, mais jamais le constructeur n'a la propriété ni aucun droit réel sur le bâtiment construit ; qu'il conserve ses matériaux ou qu'il reçoive une indemnité, son droit est toujours mobilier et il n'y a que le droit du propriétaire du sol qui soit immobilier.

Voir Aubry et Rau, *loc. cit.* ; Laurent ; Merlin.

De nombreux arrêts et jugements ont fait application de ce principe.

Voir notamment :

Cassation. — 14 février 1849.
8 juillet 1851.
7 avril 1862.
27 mai 1873.
Cour d'appel de Grenoble. — 2 janvier 1827.
—   Besançon. — 22 mai 1845.
—   Bordeaux. — 22 décembre 1868.
Tribunal civil de la Seine. — 1er janvier 1860.
—   de Lyon. — 14 août 1868.
—   de la Seine. — 17 février 1870.
—   de Lyon. — 18 février 1871.

Et les créanciers ne pouvant avoir d'autres droits que leurs débiteurs, il a été jugé, par application de cette doctrine :

1° Que le locataire ne pouvait hypothéquer les constructions élevées par lui sur un terrain qu'il avait affermé :

Cassation. — 27 mai 1873, ci-dessus (S. 73-1-255).
Cour de Grenoble. — 2 janvier 1827, ci-dessus.
Cour de Paris. — 18 décembre 1871.
Tribunal civil de la Seine. — 17 février 1870, ci-dessus.

2° Et que les créanciers du tiers constructeur ne pouvaient pas saisir immobilièrement les bâtiments élevés sur le sol d'autrui :

Arguments tirés de :

Cassation. — 13 février 1872.
Lyon. — 18 février 1871.
Paris. — 30 mai 1864.
Cour de Besançon. — 22 mai 1845.
Cassation. — 14 février 1849.

Voir notamment ce dernier arrêt, S. 49-1-261.

Enfin, il est à noter que si le droit d'accession résulte le plus souvent de la présomption, établie par les articles 553 et 555 du Code civil en faveur du propriétaire du sol, il peut aussi, comme nous le voyons dans l'espèce relatée en l'arrêt que nous venons de lire, résulter d'un texte formel, et notamment des clauses et conditions imposées au constructeur par son bail, et coïncider avec l'autorisation de construire.

L'autorisation de construire n'implique pas nécessairement, de la part du propriétaire, l'abandon de son droit d'accession ; cette observation peut avoir son importance ; c'est ce qui m'a porté à vous donner lecture de cet arrêt de 1849, de préférence à tout autre.

2° Le tiers constructeur, locataire ou simple possesseur,
est autorisé par le propriétaire à construire.

Dans ce cas, et lorsque le propriétaire du sol a renoncé tacitement ou expressément à son droit d'accession, toute différente est la situation. La présomption de l'article 555 du Code civil disparaît et le constructeur devient propriétaire des constructions qu'il a édifiées sur le sol d'autrui.

Son droit est alors immobilier; nous avons vu plus haut que ce principe était généralement reconnu par la doctrine, et la jurisprudence, faisant l'application de ce même principe, reconnaît définitivement que les constructions élevées par le locataire, à ses frais, sur le terrain qui lui a été loué, ont, par rapport à lui, le caractère d'immeubles pendant toute la durée du bail, lorsqu'elles ont été édifiées du consentement du propriétaire du sol, qui a, d'une manière expresse ou tacite, renoncé à son droit d'accession :

Cassation. — 7 avril 1862.
Cour de Paris. — 27 août 1864.
Bordeaux. — 22 décembre 1868.
Tribunal de la Seine. — 17 février 1870.
Lyon. — 18 mars 1871.

D'où les conséquences suivantes :

1° Les immeubles ainsi édifiés peuvent être hypothéqués :

> Cassation. — 13 février 1872, 11 août 1884.
> Cour de Paris. — 30 mai 1864, 4 novembre 1886.
> — Lyon. — 14 août 1868.
> — Lyon. — 18 février 1871.
> Tribunal de Lyon. — 17 mai 1887.
> Tribunal civil de la Seine. — 19 décembre 1883. (*Gazette du Palais*, 84-1-109.)

2° Ils peuvent être l'objet d'une saisie immobilière :

> Cassation. — 17 mai 1862 et 7 avril 1862.
> Cour de Paris. — 30 mai 1864.
> Cassation. — 13 février 1872.
> Cour de Rouen. — 20 août 1859.
> Tribunal civil de la Seine. — 17 mai 1888.
> Arg. du Tribunal civil de la Seine. — 12 mai 1896.
> Voir surtout : Arrêt de la Cour de Rouen du 20 août 1859 (S. 59-2-649).
> Et Cassation du 7 avril 1862 (S. 62-1-459).

La jurisprudence admet en outre que le droit au bail, étant l'accessoire des constructions, est compris nécessairement dans la saisie immobilière desdites constructions, de telle sorte qu'il n'est pas besoin d'une saisie spéciale pour le droit au bail :

> Cour de Paris. — 30 mai 1864.
> — 27 août 1864.
> — 22 février 1872.
> Et Cassation. — 7 avril 1862.

Il y a lieu toutefois d'ajouter que, lorsque le droit de jouissance est éteint et que le propriétaire du fonds, qui a la faculté de conserver les bâtiments ou d'obliger le constructeur à les enlever, a opté pour leur enlèvement, ils ne peuvent plus être considérés que comme des meubles à l'égard du constructeur

obligé de les démolir ; c'est, d'ailleurs, la conséquence du principe
établi ci-dessus, dont la Cour de Bordeaux a fait l'application dans
un arrêt du 22 décembre 1868 (S. 69-2-268), aux termes duquel
est jugée valable et régulière la saisie-gagerie faite par un propriétaire des matériaux composant un bâtiment élevé par le locataire de son terrain, alors qu'une assignation en résiliation de
bail avait été préalablement lancée.

Il est bien entendu également que, au cas de bail, tout ce que
nous venons de dire peut être modifié par les clauses et conditions
de ce bail, notamment, ainsi que nous l'avons vu, au cas où le bail-
leur s'est réservé, sansindemnité, la propriété des constructions.

C'est ici, Messieurs, que peut se placer une observation assez
intéressante.

Nous venons de voir qu'en matière civile le droit du tiers
constructeur variait suivant que le propriétaire du sol avait ou
non renoncé à son droit d'accession.

Il m'a paru curieux d'examiner ce qu'en pensait, au point de vue
fiscal, l'Administration de l'enregistrement : j'ai à peine besoin de
vous dire que l'Administration, elle, n'admet aucune distinction ;
elle estime que la quotité du droit exigible, en cas de cession ou
de transmission, ne doit pas être déterminée par la nature des
droits du tiers cédant, mais par la nature même des objets cédés,
et que les constructions conservent toujours au point de vue de
l'impôt, leur nature immobilière, ce qui suffit pour les soumettre
au tarif des biens immeubles.

Elle applique donc toujours, au cas de vente par un locataire
à un tiers auquel il cède son bail, des constructions élevées sur
le terrain d'autrui, le droit de 5.50 0/0 et non celui de 2 0/0, et
les tribunaux ont d'ailleurs presque généralement adopté cette
thèse au point de vue fiscal.

Voir cependant *contra* :

Cassation. — 15 novembre 1875.
Tribunal de la Seine. — 4 mars 1876.
—　　　　　　12 août 1876,

qui admettent la distinction.

Et solution de l'Administration, du 14 août 1885.

C'est là une anomalie que j'ai cru devoir signaler en passant.

II. — Le tiers constructeur est usufruitier
du terrain.

L'usufruit des choses immobilières est immeuble par l'objet auquel il s'applique (art. 526 du Code civil). C'est un droit réel de jouissance sur un bien appartenant à autrui.

Si donc l'usufruitier fait élever des constructions sur le terrain soumis à son usufruit, son droit sur ces constructions ne peut être qu'accessoire à son droit d'usufruit et, comme tel, immobilier.

Voir Cassation. — 18 novembre 1835.

Les créanciers de l'usufruitier devront donc procéder par voie de saisie immobilière.

L'article 2204 du Code civil est d'ailleurs très net :

« Le créancier, dit-il, peut poursuivre l'expropriation 1° des biens immobiliers et de leurs accessoires réputés immeubles, appartenant en propriété à son débiteur ; 2° *de l'usufruit* appartenant au débiteur sur les biens de même nature. »

La doctrine et la jurisprudence s'accordent à considérer de même l'emphytéose comme un droit réel immobilier ; la même solution s'applique donc à ce cas.

Voir sur ce point :

Marcadé. — Demante. — Championnière et Rigaud,

Et :

Cassation. — 1er avril 1840.
— 24 juillet 1843.
— 12 mars 1845.
Cour de Grenoble. — 4 janvier 1860.

III. — Le créancier est en même temps propriétaire
du sol.

Il nous reste à examiner maintenant, Messieurs, le cas où le créancier du constructeur est lui-même propriétaire du terrain sur lequel les constructions ont été élevées et où le droit de créance dérive de ce droit de propriété.

Nul doute, en effet, que si la créance réclamée par le propriétaire est une créance ordinaire, provenant non du contrat de louage, mais d'un titre ou d'une obligation quelconque, nul doute, disons-nous, que, dans ce cas, le propriétaire ait seulement les droits d'un créancier ordinaire, et nous nous en reférons, sur ce point, à ce que nous venons de dire.

Mais si la créance provient au contraire du contrat même de louage ou, pour être plus exact, si la créance est la conséquence de l'occupation du terrain, quels seront les droits du propriétaire?

Il faut également ici distinguer trois cas différents :

1° Ou bien le propriétaire n'aura pas autorisé les constructions ;

2° Ou bien il les aura autorisées ;

3° Ou bien le constructeur est usufruitier du sol et le créancier en est le nu propriétaire.

Examinons-les successivement.

1° *Le propriétaire du sol n'a pas autorisé les constructions.*

Les droits du propriétaire du sol sont réglés dans ce cas par les articles 553 et 555 du Code civil.

L'article 553 du Code civil établit, au profit du propriétaire du sol, une double présomption :

« Toutes constructions, plantations et ouvrages sur un terrain ou dans l'intérieur, dit-il, sont présumés faits par le propriétaire à ses frais et lui appartenir, si le contraire n'est prouvé... »

Donc : 1° les constructions qui existent sur le terrain sont présumées avoir été faites par le propriétaire du sol et à ses frais ;

2° Lesdites constructions sont présumées lui appartenir.

Cette double présomption dispense le propriétaire du sol de prouver son droit sur les constructions, mais l'une et l'autre sont susceptibles d'être combattues par la preuve contraire, qui est, d'ailleurs, formellement réservée par l'article 553.

Et lorsqu'il est établi que les constructions ont été faites par un tiers, la situation respective du propriétaire et du constructeur est réglée par l'article 555, ainsi conçu :

« Lorsque les plantations, constructions ou ouvrages ont été faits par un tiers et avec ses matériaux, le propriétaire du fonds a droit ou de les retenir ou d'obliger ce tiers à les enlever.

» Si le propriétaire du fonds demande la suppression des plantations et constructions, elle est aux frais de celui qui les a faites, sans aucune indemnité pour lui ; il peut même être condamné à des dommages et intérêts, s'il y a lieu, pour le préjudice que peut avoir éprouvé le propriétaire du fonds.

» Si le propriétaire préfère conserver ces plantations et constructions, il doit le remboursement de la valeur des matériaux et du prix de la main-d'œuvre, sans égard à la plus ou moins grande augmentation de valeur que le fonds a pu recevoir. Néanmoins, si les plantations, constructions et ouvrages ont été faits par un tiers évincé, qui n'aurait pas été condamné à la restitution des fruits, attendu sa bonne foi, le propriétaire ne pourra demander la suppression desdits ouvrages, plantations et constructions ; mais il aura le choix, ou de rembourser la valeur des matériaux et du prix de la main-d'œuvre, ou de rembourser une somme égale à celle dont le fonds a augmenté de valeur. »

La loi fait donc une distinction entre le constructeur de bonne foi et le constructeur de mauvaise foi.

Dans le cas où le constructeur est de mauvaise foi, le propriétaire pourra : ou bien forcer le constructeur à démolir et à remettre les lieux dans leur ancien état ; dans ce cas, le propriétaire du sol pourra toujours, s'il a un titre authentique, exécuter par voie de saisie mobilière, et si sa créance résulte d'un bail sous seings privés, procéder à la saisie-gagerie des matériaux à provenir de la démolition, en ayant soin d'exprimer, dans le commandement, sa volonté de reprendre le terrain nu ;

Ou bien il pourra garder les constructions en remboursant la valeur des matériaux et le prix de la main-d'œuvre, sans qu'il y ait lieu de se préoccuper de la plus-value que les constructions peuvent avoir procurée au fonds. Dans ce cas, il n'y aura pas lieu à saisie.

Dans l'autre cas, lorsque le constructeur est de bonne foi, il ne peut être contraint à démolir ; c'est lui qui peut, au contraire, forcer le propriétaire à garder les constructions et, en outre, exiger de lui une indemnité qui sera égale à la dépense faite ou à la plus-value produite par les constructions, au choix du propriétaire.

Dans ce cas, le propriétaire du sol devenant toujours propriétaire des constructions, sauf à payer une indemnité, il n'y aura jamais lieu non plus de saisir lesdites constructions.

2° Le propriétaire du sol a autorisé le locataire à construire.

Si l'autorisation a été donnée purement et simplement sans qu'aucun contrat ait été passé, les droits respectifs du propriétaire et du constructeur seront naturellement réglés ainsi qu'il a été dit ci-dessus ; dans ce cas, en effet, le constructeur ne pourra soutenir qu'il est possesseur de bonne foi, et le propriétaire aura le droit, ou de le forcer à démolir, ou de conserver les constructions moyennant le remboursement de ses impenses, ce qui nous ramène aux solutions précédemment énoncées.

Lorsque, au contraire, l'autorisation est donnée sous conditions. il y aura lieu évidemment de procéder suivant les conventions arrêtées entre les parties, soit lors du bail, soit postérieurement.

C'est, d'ailleurs, le cas le plus général et qui nous intéresse le plus directement.

Le propriétaire d'un terrain loue ce terrain avec autorisation de construire ; le bail, notarié ou sous seings privés, contient diverses clauses et conditions réglant les droits des parties sur les constructions à l'expiration du bail, mais aucune clause ne détermine jamais (ou du moins presque jamais) les droits du propriétaire sur les constructions, au cas de non-paiement du loyer.

Eh bien, dans ce cas encore, nous devons faire application des principes que nous avons essayé d'établir ci-dessus.

Le bail est-il notarié?

Presque toujours, il contient une clause spéciale stipulant : « qu'à défaut de paiement d'un seul terme de loyer, de même qu'en cas d'inexécution de l'une quelconque des conditions du bail, ledit bail sera résilié de plein droit huit ou quinze jours après un commandement de payer demeuré infructueux ».

Dans ce cas, nous devrons, après le commandement visant la clause résolutoire, attendre l'expiration du délai fixé pour la résiliation (délai toujours très court), et ce délai expiré, le bail prenant fin, les droits respectifs des parties se trouveront réglés par les clauses visant l'expiration du bail.

Le propriétaire, s'il n'opte pas pour la conservation des constructions, pourra donc les faire saisir *mobilièrement* et les faire vendre.

À l'appui de cette thèse, je vous demanderai la permission de vous donner lecture d'un jugement récent, conforme d'ailleurs à la jurisprudence et qui tranche nettement la question.

Affaire L... contre D...

Bail notarié avec autorisation de construire, contenant clause résolutoire deux mois après le commandement.

Commandement du 10 août 1894.

Saisie des matériaux à provenir de la démolition : 15 novembre 1894.

Opposition à vente par D... du 26 novembre et assignation devant le Tribunal civil en nullité des poursuites et de la saisie mobilière.

Jugement du 12 novembre 1895 validant la saisie mobilière.

Dans l'exemple que nous venons de voir, le bail avait été résilié de plein droit par l'expiration du délai stipulé au contrat.

Mais qu'adviendra-t-il si, par hasard, le bail ne stipule pas de résiliation en cas de non-paiement?

Il ne nous a pas été donné, malgré nos recherches, de trouver en jurisprudence un exemple de cette espèce, soit que nos recherches aient été mal dirigées ou que le cas soit rare, soit plutôt que la solution n'offre pas de difficultés.

En effet, les constructions, avons-nous vu, sont immeubles par leur nature jusqu'à l'expiration du bail ou jusqu'à sa résiliation ; il faudra donc faire prononcer cette résiliation en justice, conformément à l'article 1184 du Code civil, ce qui nous ramènera au cas précédent.

Le propriétaire aura toujours avantage à attendre, pour agir, l'issue de cette instance. S'il croit devoir agir de suite, il ne pourra, à notre avis, procéder sur les constructions que par voie de saisie immobilière.

Maintenant, le bail est-il sous seings privés?

Les mêmes solutions s'imposent.

Le bail ne contient pas de clause résolutoire; dans ce cas, n'ayant pas de titre exécutoire, force nous sera de prendre jugement; et nous demanderons alors au Tribunal la condamnation au paiement et la résiliation du bail.

Le bail contient la clause résolutoire; nous procéderons par voie de saisie-gagerie et nous demanderons au Tribunal d'en prononcer la validité comme conséquence de la résiliation; nous ferons statuer sur le tout par un seul et même jugement.

Nous citerons, à ce sujet, le jugement rendu dans l'espèce suivante (il s'agissait dans cette espèce d'une maison de plusieurs étages) :

Affaire L... contre R...

Bail sous seings privés, contenant clause résolutoire trois mois après commandement.

Commandement du 17 janvier 1894.

Demande en résiliation du bail et enlèvement des matériaux du 28 avril 1894.

Jugement du 9 janvier 1895, confirmé par arrêt de la Cour du 5 août 1895 ordonnant la démolition des matériaux sans indemnité. Saisie mobilière du 28 septembre 1895 et vente.

Voir aussi arrêt de la Cour de Bordeaux du 22 décembre 1868, validant la saisie-gagerie faite après l'expiration du délai de la clause résolutoire.

Voir ci-dessus, p. 18 et S. 69-2-268.

3° Il nous reste à examiner le cas où le constructeur est usufruitier du sol.

Il est bien entendu que le nu propriétaire, au cours de la jouissance de l'usufruitier, ne peut avoir contre lui d'autres moyens d'exécution que ceux des créanciers ordinaires.

Au contraire, à la cessation de l'usufruit, ses droits sont profondément modifiés ; de nu propriétaire, il devient propriétaire exclusif des biens précédemment soumis à l'usufruit et les droits de l'usufruitier se trouvent alors régis, ainsi que vous le savez, par l'article 599 du Code civil, ainsi conçu :

« ... L'usufruitier ne peut, à la cessation de l'usufruit, réclamer aucune indemnité pour les améliorations qu'il prétendrait avoir faites, encore que la valeur de la chose en fût augmentée... »

Quels seront alors, à la cessation de l'usufruit, les droits du propriétaire du sol sur les constructions élevées sur son terrain par l'usufruitier ?

C'est là une des questions les plus controversées tant en doctrine qu'en jurisprudence, et dont l'examen ne rentre pas dans notre sujet.

Nous nous bornerons à dire que trois opinions sont en présence :

Dans la première, le propriétaire a la faculté ou de faire

démolir les constructions et remettre les lieux dans l'état primitif, ou de rembourser à l'usufruitier le montant de ses impenses.

Dans la deuxième, le propriétaire doit conserver les constructions, à charge de payer la valeur des matériaux et de la main-d'œuvre.

Ces deux opinions sont basées sur la combinaison des articles 555 et 599 du Code civil.

(Voir Demolombe, Aubry et Rau, Duranton, Demante, Colmet de Santerre.)

Dans une troisième opinion, enfin, le propriétaire a le droit de conserver les constructions sans indemnité aucune :

Cour de Bourges. — 24 février 1837.
— Colmar. — 18 mars 1853.
Cassation. — 23 novembre 1825.
Toullier, Baudry-Lacantinerie.

Quelle que soit la solution adoptée, nous nous trouvons ramenés aux cas précédents et lorsqu'il y aura lieu à saisie, on ne pourra procéder que par voie de saisie mobilière.

Et maintenant, concluons.

Je crois, Messieurs, que nous avons examiné les cas les plus généraux. Dans chaque cas particulier, bien entendu, des difficultés nouvelles pourront survenir, qu'il ne nous est possible ni de prévoir ni de trancher : nous avons voulu seulement au cours de cette étude nécessairement rapide, exposer les principes qui nous ont paru devoir faciliter la solution de la question soumise à la Conférence, et nous résumerons très brièvement, en terminant, les idées générales que nous venons d'exposer :

1° Lorsque les constructions élevées sur le terrain d'autrui seront des constructions légères (et nous avons dit au début ce que nous entendions par constructions légères) il y aura toujours lieu de procéder par voie de *saisie mobilière* de quelque nature que soient les droits du créancier, sauf, bien entendu, le cas d'immeubles par destination ;

2° Lorsque les constructions seront incorporées au sol :

Si le créancier est un tiers, non propriétaire du sol, il faudra recourir à la *saisie immobilière*, sauf au cas d'expiration ou de résiliation du bail, lorsque le propriétaire aura opté pour l'enlèvement des matériaux.

Si le créancier est en même temps propriétaire du sol, deux cas sont à distinguer : le bail est expiré ou le terme prévu pour la résiliation est échu ; dans ce cas toujours *saisie mobilière*.

Dans le cas contraire toujours *saisie immobilière*.

3° Enfin, si le constructeur est usufruitier nous ne pourrons, au cours de l'usufruit, *saisir qu'immobilièrement* les droits de l'usufruitier sur les constructions, comme n'étant que l'accessoire de son droit d'usufruitier sur le terrain.

Et si l'usufruit a cessé, la *saisie mobilière* seule sera applicable, lorsqu'il y aura lieu à saisie.

Le tout, bien entendu, sauf stipulations contraires.

Voilà, Messieurs, quelles sont les conclusions auxquelles nous nous sommes arrêtés.

Nous sommes à votre disposition, Messieurs, pour en soutenir la discussion et nous prions M. le Président de vouloir bien ensuite les soumettre à l'approbation de la Conférence.....

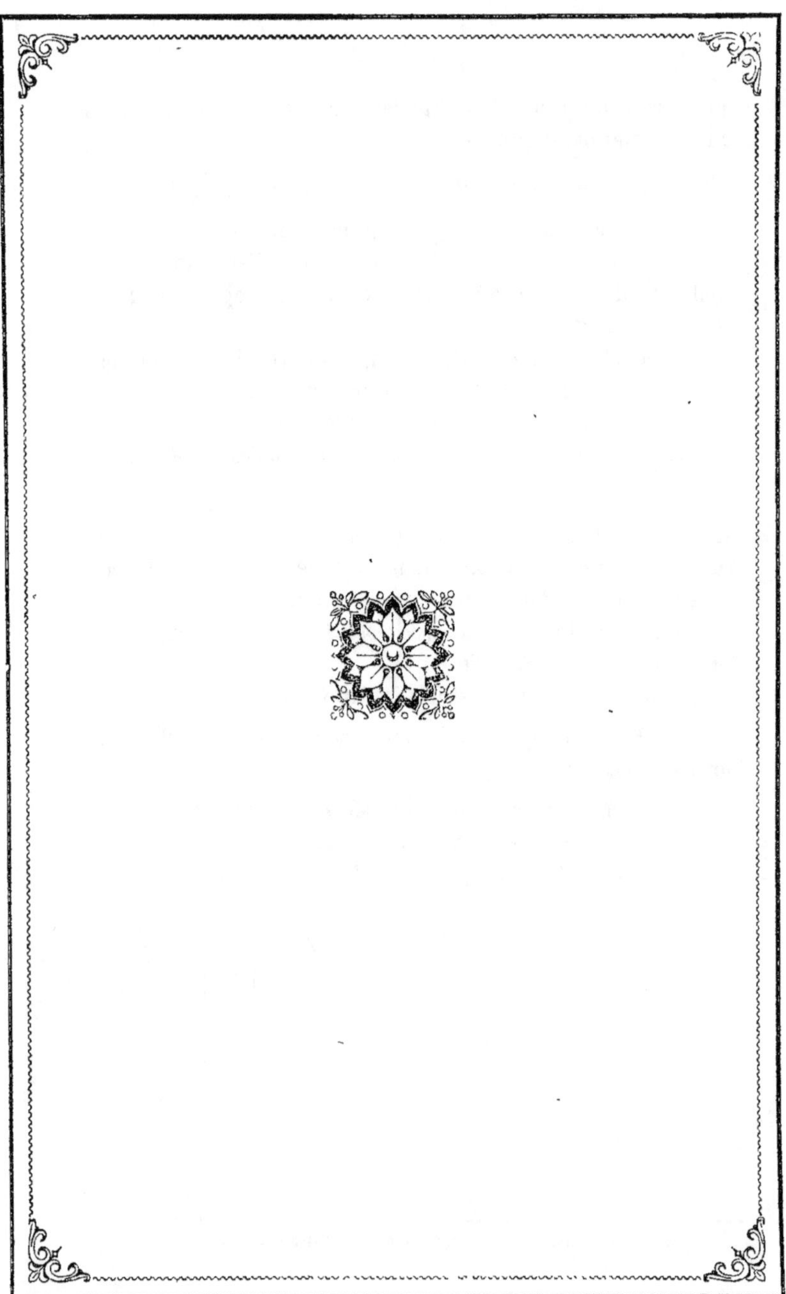